U0923042

中国摄影艺术年鉴

CHINA PHOTO ALMANAC

2018～2019卷

总编辑：高健生

主　编：徐伟浩

国际文化出版公司

·北京·

封面图片：
野性可可西里 / 涂向东

目　录

前言 徐伟浩

《庄子·外篇·知北游》中有言“天地有大美而不言”，法国著名雕塑家罗丹曾说“世界上并不缺少美，而是缺少发现美的眼睛”。由此可见，无论东方亦或西方，从观审自然造化的鬼斧神工到体味物我两忘的审美超越，皆离不开人的主观审美创造。创刊于2006年的《中国摄影艺术年鉴》便是将世界范围内华人摄影家的审美创造甄选成册，敬奉观瞻。

至今已走过十四载年华的《中国摄影艺术年鉴》广泛展示了彰显家国情怀、具备国际视野的摄影作品，在海内外形成广泛影响，并受到举世赞誉。涵盖其中的风光摄影、人文摄影、当代艺术摄影等集中呈现了中国摄影艺术的发展概貌、审美趋势、观念风尚。这里有祁连山下的天高云阔，这里有万里雪乡的牧民高歌，这里有英姿飒爽的铁马冰河，这里有音韵弥漫的浩渺碧波。这里有你、有我，这里记录着我们新时代日新月异的生活。这一张张在快门按下瞬间被记录的美好画面，不仅体现出创作者的独特审美之维，当它们并置在书籍内页时，由影像碎片“拼合”化一的中国新时代盛世图景便悄然呈现。这一盛世图景是今日的时代见证、是明日的历史述说；是文化的传播承载、是文明的发展脉络。

本卷共设“风光篇：一镜走天涯，风月无边”、“人文篇：一图胜千言，道义在肩”和“朦胧远方：中国高校学生作品”三个部分。其中，风光篇将镜头对准四海八荒的蓝天黄土，表现澄怀味象的自然之美与扶摇直上的祖国建设新成就；人文篇着意于神州厚土的民间烟火与艺术流派，表现蒸蒸日上的人民生活与对不同艺术风格的探索和实践；朦胧远方篇则侧重于大学生的审美之思，表现当代大学生的观审思考和他们眼中独特的时代风貌。

在这里，家国情怀与国际视野并重；在这里，新鲜图式与永恒价值共存。摄影家搜妙创真表现自然之美、表现生命之魂，将“情、思、艺”三者同趋，创作出“情性所至，妙不自寻”的摄影佳品。在这里，我们共同见证中华民族实现伟大复兴的铿锵脚步、共同记录华夏儿女生生不息的命运图卷。

挥洒绚烂/摄影：高占祥

时代偶像和偶像时代 / 摄影：朱宪民

时代偶像和偶像时代／摄影：朱宪民

4
1

建设中的粤港澳大湾区 / 摄影：王玉文

西藏即景 / 摄影：王　悦

楼兰怀古 / 摄影：张桐胜

沈抚新城人造景观 / 摄影：线云强

沈抚新城人造景观 / 摄影：线云强

混沌初开，乾坤始奠 / 摄影：高健生

青海柴达木盆地水上雅丹 / 摄影：徐伟浩

野性可可西里 / 摄影：涂向东

野性可可西里 / 摄影：涂向东

野性可可西里 / 摄影：涂向东

青海柴达木盆地水上雅丹 / 摄影：王华涛

野性可可西里 / 摄影：周　斌

野性可可西里 / 摄影：周　斌

野性可可西里 / 摄影：周　斌

2019年12月18日，敦煌——格尔木铁路全线胜利通车 / 摄影：钱　江

敦格铁路是中国境内连接甘肃敦煌至青海格尔木的国铁I级电气化铁路（单线），图为甘肃段阿克塞沙山沟特大特长桥。

太行云巅 / 摄影：席世宏

日月同辉浪巴埔土林 / 摄影：刘　洪

2019年1月19日夕阳下的云南元谋浪巴埔土林。土林夕阳照射、月亮初升，日月同辉的景象，使土林的喀斯特地貌显得神秘多彩，雄伟壮观。

产业扶贫之光伏发电 / 摄影：张志强

东海日出 / 摄影：邓士平

天堑 / 摄影：曾雄星

西藏天堑——纳金桥 / 摄影：付敏杰

俯瞰伶仃洋 / 摄影：柴　瑞

天地人 / 摄影：范海英

追梦 / 摄影：郭云杰

新家堡互通 / 摄影：韩国杰

精湛 / 摄影：黄　然

北京大兴国际机场西塔台 / 摄影：周　越

畅想 / 摄影：王允志

中国大同开源桥 / 摄影：郑育林

中国高铁四季图 / 摄影：刘慎库

丹东凤凰山玻璃栈桥 / 摄影：傅延安

天堑变通途 / 摄影：周明华

站在海淀看北京 / 摄影：刘培恩

锦绣园林描盛世，迤逦山水绘长卷。这是对北京海淀瑰丽景色最好的描绘。海淀，首都西北部的天然生态屏障，地理位置得天独厚，山水形胜、人杰地灵，自清代以来更被视为皇家园林建设之集大成者，拥有闻名遐尔的皇家御苑“三山五园”。站在新的历史起点上，海淀着力建设具有世界影响力的文化中心城市的重要功能区和世界高端旅游目的地，已初步形成自然与人文和谐共生，科技文明与自然胜景、历史文化相得益彰的都市生态乐园。

暮霭中的蒲甘 / 摄影：倪益瑾

缅甸蒲甘。夕阳西下，湮没在丛林中众多佛塔更显得神秘，变幻莫测。

秋染故宫 / 摄影：倪益瑾　　黄叶红墙相映，更显曾经的皇家气派。

晨曦 / 摄影：马 骏

开往春天的列车 / 摄影：晨阳

淡绿青紫一万重 / 摄影：陈明月

恰似玉珠荡绿波 / 摄影：陈明月

夕阳残照染秋林 / 摄影：陈明月

三十六峰高插天 / 摄影：陈明月

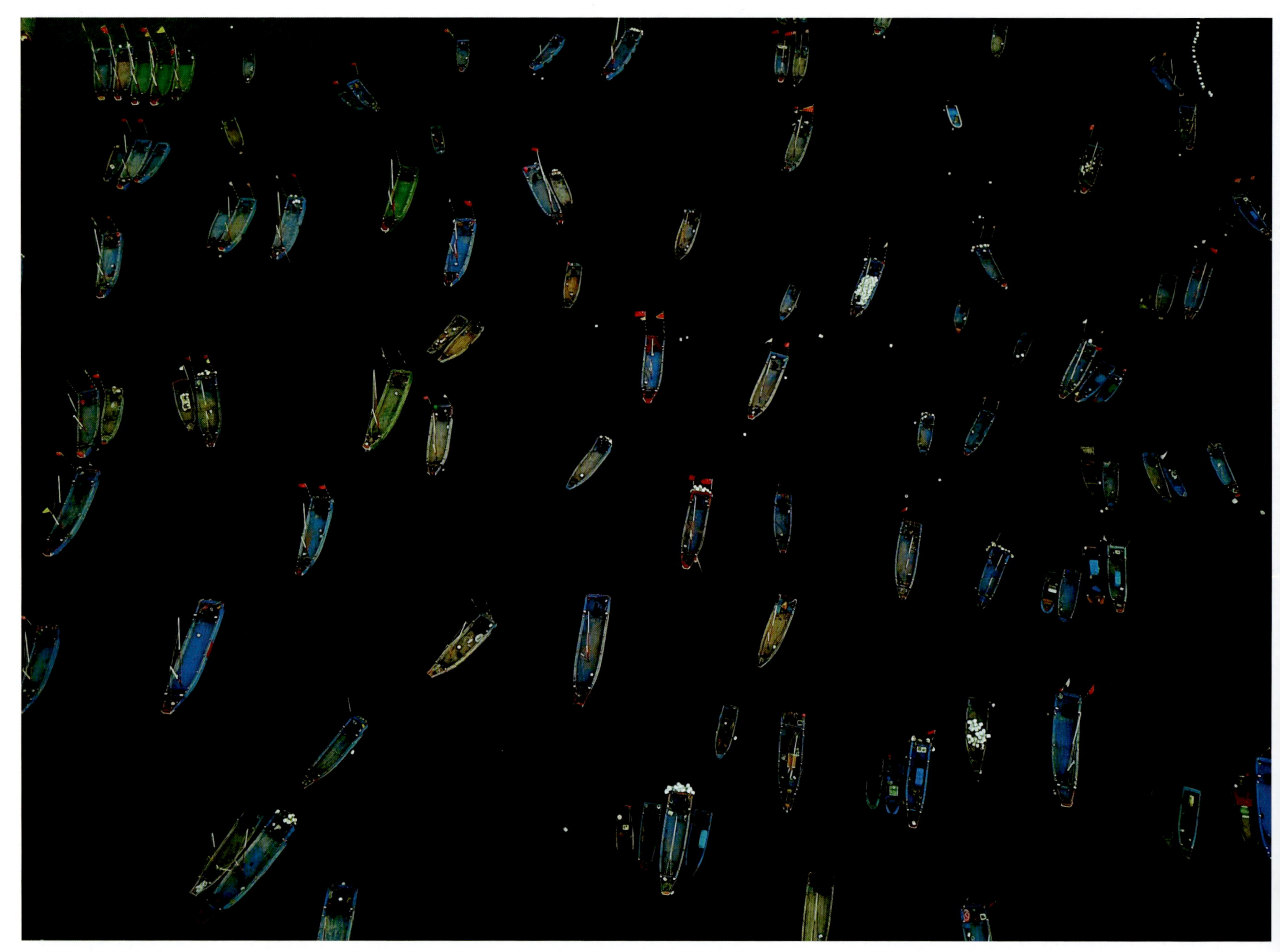

港湾 / 摄影：于　洪

梵净山金顶暮色 / 摄影：于 洪

西部/摄影：任波

峡谷魅影 / 摄影：李永波

峰峦云海 / 摄影：李永波

草海 / 摄影：李 彬

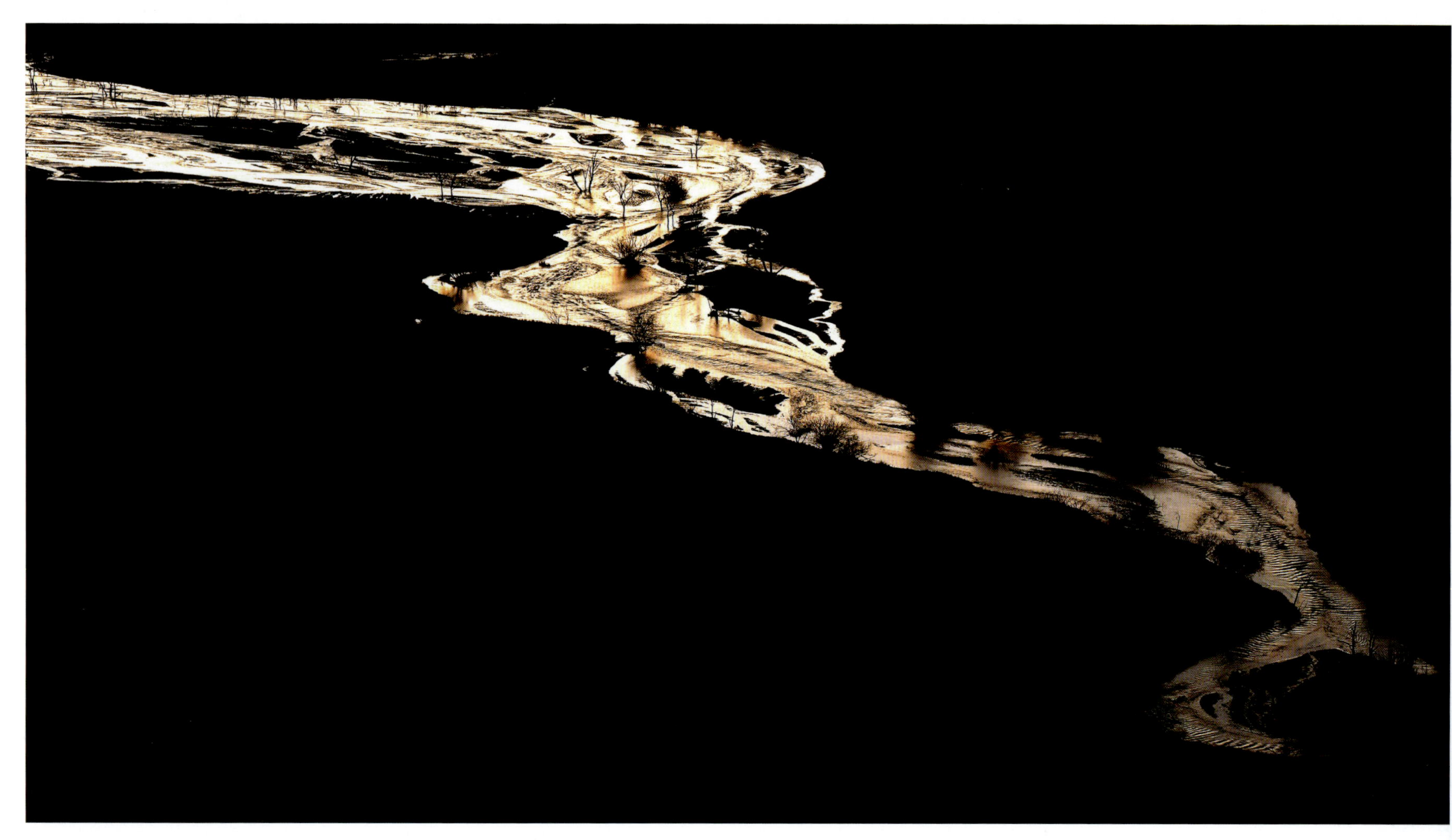

逶迤 / 摄影：陈　刚

周遭死一般的沉寂，唯有晨光将小河的美毫无保留地献给人间。蜿蜒曲折的河水在峡谷间缓缓流淌，静静地，无止无休。

滩涂 / 摄影：陈　刚

内蒙古草原上的萨岭河并不以壮美闻名于世，但每到深秋时节，别有一番诗情画意，当激勇的河水渐渐退去，不得不叹服大自然的鬼斧神工，众多点、线、面勾勒出的美丽无以复加，像极了平凡人生中淡泊而平静的美，那是生活本真的模样。

秋色 / 摄影：李凌波

牧羊曲／摄影：陈秀庆

北海之美/ 摄影：阿・巴德夫　　苏武在贝加尔湖畔牧羊时，贝湖叫做“北海”。

辽宁岫岩陨石坑／摄影：安　鹏

运动乐章／摄影：安　鹏

海礁幻影 / 摄影：唐景格

矿山旋律 / 摄影：王　耀

贵州威宁县炉山镇——世界海拔最高茶园 / 摄影：刘军林

五彩大地 / 摄影：唐密清

土楼金秋 / 摄影：张　炜

家园庆丰宴／摄影：张 炜

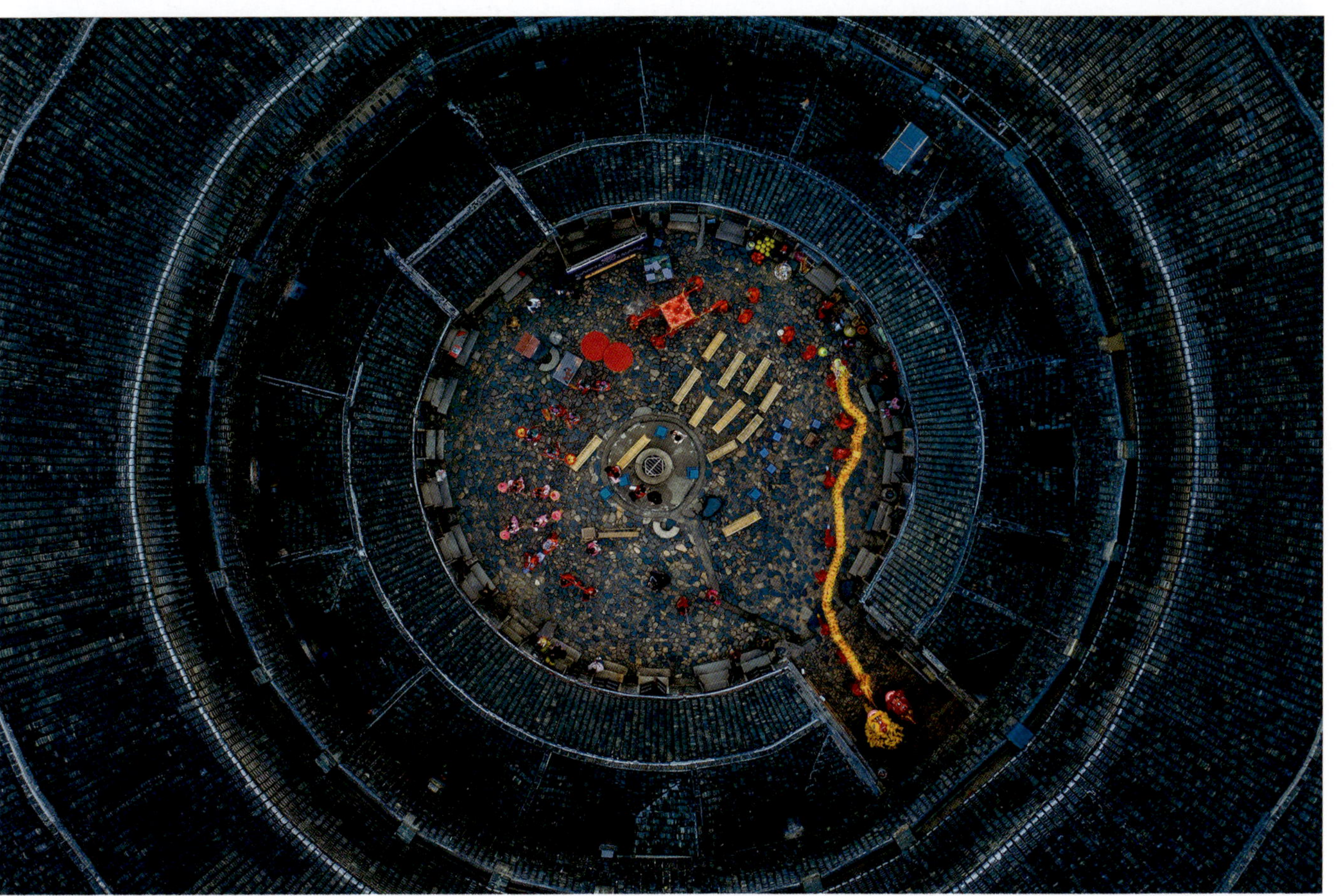

土楼接亲／摄影：张 炜

大地彩毯 / 摄影：梅　龙

桃花园 / 摄影：邹晓龙

朝天阙 / 摄影：陈亚红

鸭绿江彩霞奇观 / 摄影：淳于常胜

火车驶进小山村 / 摄影：纪岫勤

云起绿江 / 摄影：曾 伟

曙光 / 摄影：韩景录

丹东新区国门湾 / 摄影：李国钟

五龙秋色 / 摄影：张学鲁

山区里的支柱产业 / 摄影：宋永昆

拥挤的天空 / 摄影：郭　平

美丽的帆船港 / 摄影：耿文志

红山大峡谷／摄影：翟小勇　新疆奎屯

大洋河口湿地 / 摄影：杨智宽

毕棚沟瀑布 / 摄影：邓元良

2018年深冬，拍过梅里雪山后，余兴未消，连夜驱车赶往长江第一湾。忽然，远眺的目光带来了惊喜，梅里雪山在阳光映照下俨然成为一座灿灿金山。有时，不期而遇的景致，是上天对行者最美好的馈赠。

秋天里的泸沽湖 / 摄影：邓元良

毕棚沟，以优美的自然风光和完美的自然生态景观著称，每每叶落知秋的季节，全国驴友接踵而至，前来观赏漫山遍野的红叶，我们一行人也位列其中。万里碧空，皑皑雪山，红叶如火，怎一般人间至境。

九岛清晨 / 摄影：高振铎

雨后 / 摄影：丁桂利　　阵雨过后，云蒸霞蔚，一农妇驾三轮来到一片草地上准备打草。

建设中的光伏电站 / 摄影：程显绪

雪漫西域 / 摄影：陈唯宁

沙漠驼影 / 摄影：柏建华

黄花农家 / 摄影：王立平

梦里徽州 / 摄影：郭　蕾

拍摄水中的倒影，将真实的场景以一种虚幻的形式呈现，后期将画面旋转180度，令观者产生一种如梦似幻的徽州印象。

龙槐吐绿 / 摄影：周楚峤

龙爪槐是槐树的栽培变种，古时称其为盘槐。日月穿梭，斗转星移，瞬至初春，靠近故宫琼苑西门的这棵龙爪槐吐出了嫩绿的新芽，积蓄一冬的力量终于蓬勃而发，生生不息。

蟠首嗅春 / 摄影：周楚峤

初春时节，故宫玉翠亭前一树杏花绽放，轻风吹过，落花飘入池中，星星点点，惹得鱼儿们纷纷游嬉其间。池壁上的蟠龙在一旁低首沉吟，忆往昔，帝王妃嫔们也曾驻足于此；叹时光荏苒，人面不知何处去，杏花依旧笑春风。

门徒之家 / 摄影：钟加楠

在土耳其卡帕多奇亚风化带沟壑山谷间，林林总总耸立着一片石柱，形态各异、景观独特。其中的几座石柱的形态仿佛西方圣经中的门徒，穿袍带帽、冲天而立，石柱下面还有一户人家，构成一幅形象生动的“门徒之家”生活场面。

踏浪渔归 / 摄影：赵茹艳

月下关东影视城 / 摄影：郑　沈

夕阳掠影 / 摄影：张　俊

大漠掠影 / 摄影：张　志

彩云如画 / 摄影：赵洪新

卧虎藏龙 / 摄影：杨智宽

虎山长城是明长城的东部起点，位于鸭绿江畔，虎山长城现1250延长米，修复后的明长城依山就势，蜿蜒北去，与丹东市区距离20公里，和朝鲜民主主义人民共和国隔江相望。这里山川秀丽、江河清碧、气候宜人、风景优美。临江峭立的虎耳山，于沿江丘陵中异峰突起、险峻挺拔、怪石嶙峋。沿长城拾级而上到达峰顶，可一览两国风光。冬天的虎山长城，没有春天那样勃发的生机，也没有秋日的多彩绚丽，如果有白雪和雾凇与她相伴，她也会妩媚多姿。

人间仙境 / 摄影：张　跃

吉林省辉南县十道河镇四方顶子。海拔1233米的顶子景区是国家AAAA级高山植物园，素有“龙岗画苑”美称。春季顶子上茵茵绿草、山花遍地。拍摄当天正好遇上浓浓大雾，使古树枯枝更加神秘，置身其中，仿佛走进人间仙境。

独行者 / 摄影：王德胜

山景 / 摄影：孟令顺

醉美天空之镜 / 摄影：杨惠光

大漠魅影 / 摄影：张聿诚

麦田高尔夫 / 摄影：朱英梅

沙滩的色彩/摄影：尚 平

神奇的天空 / 摄影：张希正

慈航普度小西天 / 摄影：亚　明

鞍山立交桥夜景 / 摄影：齐锡芝

海之桥 / 摄影：田锡平

重庆渝中半岛之夜 / 摄影：王　杰

我家前院 / 摄影：郭锅扣

太行仙境八泉峡 / 摄影：宁东升

雾漫神女 / 摄影：孙敦福

苍穹下的北盘江大桥/摄影：彭新立

改革开放40年的深圳市人民广场/摄影：彭新立

古镇魅力 / 摄影：劳荣基

米仓沟一角 / 摄影：刘素芬　　辽宁省桓仁县雅河朝鲜族乡

丰收在望/摄影：苗 玺

广西灵川大桐木湾古民居

广西阳朔桂北古民居

浙江缙云河阳古民居

浙江丽水松阳杨家堂古民居

古村落 / 摄影：陆德深

家园 / 摄影：刘晓军

圣洁的雪域，神奇的阿里 / 摄影：刘应华

时光 / 摄影：李瑾伊

城市交响曲 / 摄影：李　江

晨捕 / 摄影：路海洋

古格王朝 / 摄影：李佩昆

扬州的秋 / 摄影：李斯尔

苍穹下的色林措 / 摄影：刘怀民

营口湿地 / 摄影：李洪新

鸟群 / 摄影：王殿程

峡谷风貌 / 摄影：侯宪权

静谧 / 摄影：洪启明

晨曦中曙光初露，几株孤枝挺立于水中，与水面上的倒影相映成趣，几分幽静几分苍凉，是大自然无声的诉说。昼夜更替，岁月轮回，生生不息。

夜乌镇 / 摄影：贺秉理

春天 / 摄影：郗孟龙

火树银花不夜天 / 摄影：王金磊

河北省秦皇岛市山海关区天下第一关，铁花飞溅的夜色之美。

雪夜古城 / 摄影：王金磊

河北省秦皇岛市山海关古城，雪花飞舞的古城之夜。

鸭绿江晨曦 / 摄影：郝松军

博山古窑村的今昔对比 / 摄影：王文静

“一城两隅”现象成为了现阶段古窑村城镇化转型中的另一“面貌”。以“时间”的变化为切入点，从细节出发来展现我所看到的古窑村的变化。可以看出古代人们智慧的结晶，现代人们的观念及创新意识。自然环境与传统文化的相融合，城镇化进程正在逐步推进。

那片红 / 摄影：邵奎威

佛居 / 摄影：柳　涛

色界 / 摄影：徐悦范

把城市夜晚的灯光元素简约化、符号化，将光波与影子凝固在不同的空间维度上。造成一种时间与空间的冲突与和谐。

期待 / 摄影：肖　山

一叶小舟江上来 / 摄影：高　潮

吉林省集安市鸭绿江上游。冬日里，江对岸的山上白雪映照在江上，小船从淡蓝色江面上驶来，一动一静，相互呼应。船主身穿红衣，点缀了画面。

光伏电站 / 摄影：刘海东

小千岛湖 / 摄影：刘海东

辽宁丹东宽甸满族自治县水丰湖有“小千岛湖”的美誉

皓月当空 / 摄影：徐洪彬

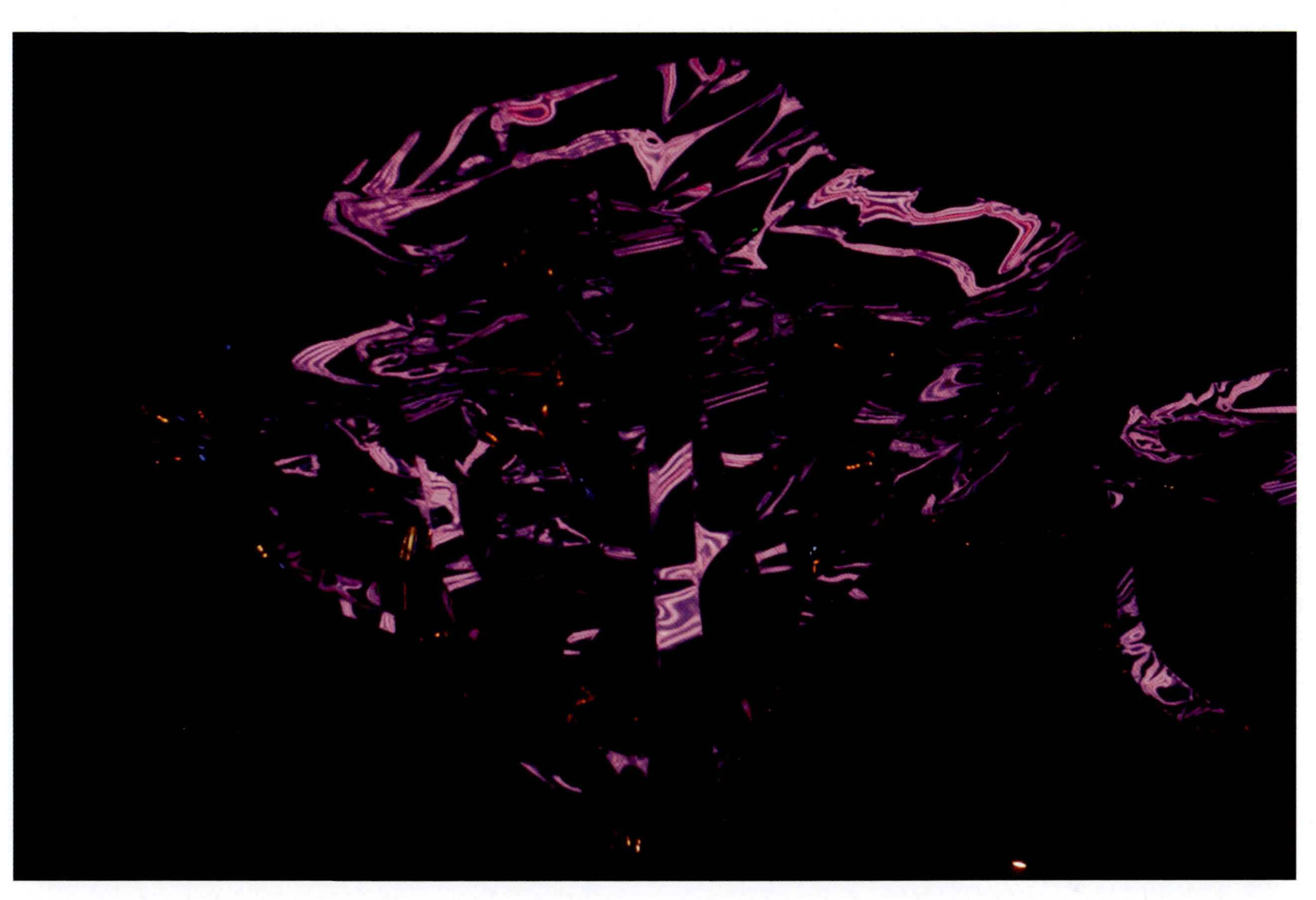

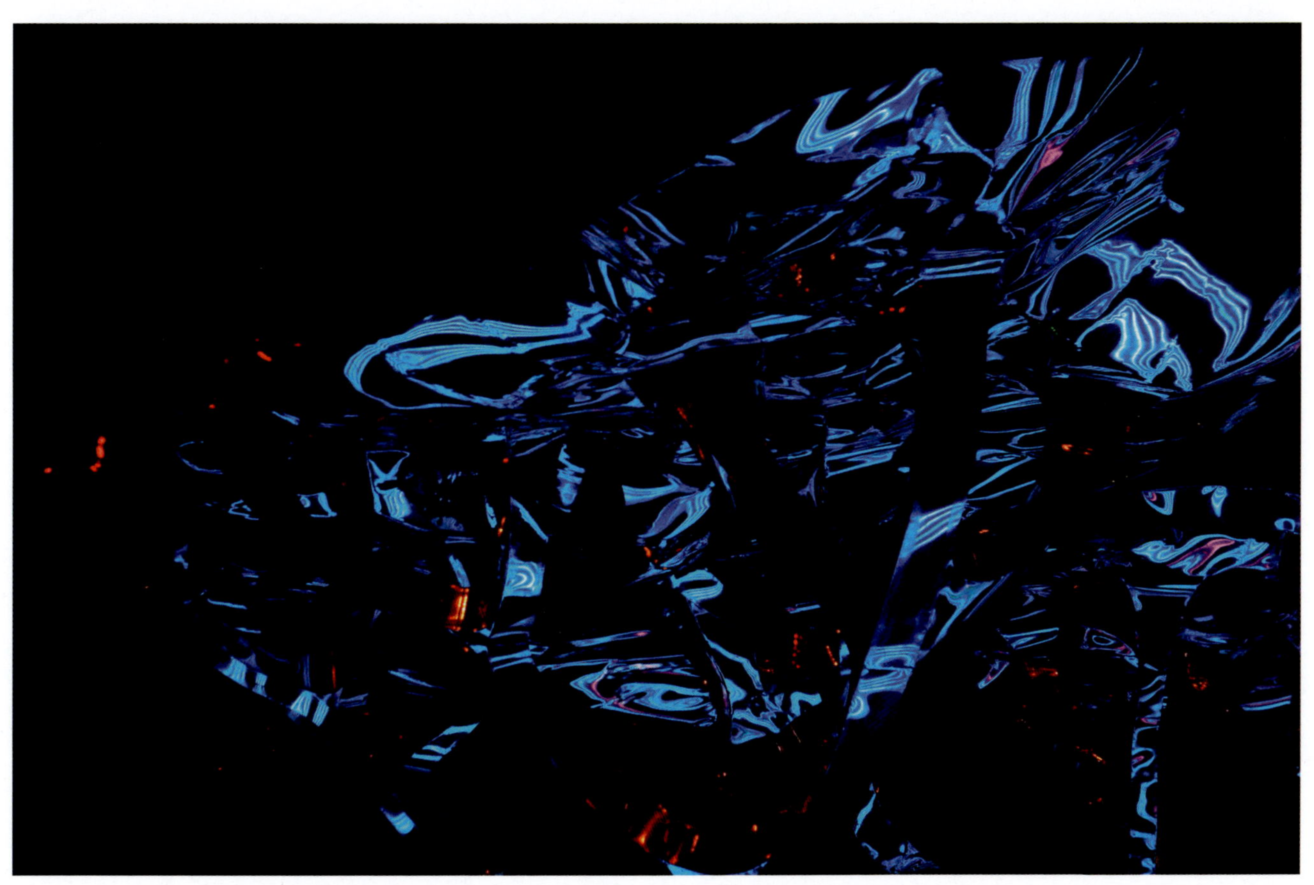

觉知的触媒 / 摄影：张超楠

悠然/摄影：蒋丽田

和谐相处/摄影：蒋丽田

紫气东来/摄影：孙德波

芳香之旅/摄影：孙德波

回家之鹿 / 摄影：张炳功

驼群 / 摄影：黄松辉

慕士塔格冰川牧场 / 摄影：李英文

草原牧歌 / 摄影：脱兴福

相与抽象 / 摄影：李　刚

夹金山精灵 / 摄影：朱言勤

踏碎冰雪 / 摄影：朱言勤

奔 / 摄影：张丽军

悠闲 / 摄影：胥德琪

舞 / 摄影：黄雅平

开怀畅欢 / 摄影：郭锅扣

仙八色鸫 / 摄影：戴达山

蓝翡翠 / 摄影：王培岭

鹤舞大地，声闻九天 / 摄影：张文良

白绥

天鹅春晓 / 摄影：袁 芬

跟我一起唱 / 摄影：于晓来

和谐家园 / 摄影：王　娟

位于辽宁丹东鸭绿江口湿地国家级自然保护区，地处东亚至澳大利西亚候鸟迁飞路线上，是世界上鸟类种群最为集中的地区之一，号称是“鸻鹬鸟最佳驿站”，每年4月大量鸟儿停留在鸭绿江口湿地加油补给。鸟群随着潮涨潮落，漫天飞舞、铺天盖地、遮天蔽日，景象尤为壮观，鸟群在湿地上空变幻出造型迥异的鸟浪，令人叹为观止，这里上演着一场人与自然和谐、共生的年度大戏。

万鸟泛碧波 / 摄影：杨　斌

猫头鹰 / 摄影：程富泉

白冠长尾雉 / 摄影：程富泉

猎归的猫头鹰 / 摄影：薛　杰

余晖映天鹅 / 摄影：任 龙

鸟儿之歌 / 摄影：辛连生

海雕 / 摄影：辛连生

欢歌笑语 / 摄影：魏向东

山西朔州——栖息鸟的幸福家园。山西朔州号称是“像北欧一样美丽的城市”。近年来，该市不断加大对环保的投入和治理，彻底改变了桑干河流域的自然生态环境。每年春秋两季，近20种国家一、二级保护鸟类和40多种保护鸟类在这里汇聚。一大群一大群的白天鹅、黑鹳、大白鹭、小白鹭、苍鹭、白琵鹭、鸿雁、大雁、黄麻鸭、灰雁、赤麻鸭、黑头鸥等都在这里栖息，当地老百姓把栖息鸟颂为“百万大军过桑干”，桑干河流域被誉为“栖息鸟的幸福家园”。

白琵鹭 / 摄影：魏向东

黑头鸥 / 摄影：魏向东

红果与蓝鹊 / 摄影：沈殿俊

文须雀/摄影：宋大德

盘锦市辽河口湿地保护区。文须雀在中国分布于新疆、青海、甘肃、内蒙古及东北北部的为夏候鸟，在东北南部及河北为冬候鸟，主要栖息于湖泊及河流沿岸芦苇沼泽中，不为人们所常见。

天鹅晨舞 / 摄影：陶　华

相亲相爱 / 摄影：张丙雨

家的呵护 / 摄影：马胜利　　内蒙古赤峰市。蓑羽鹤每年都要在广袤的草原上繁殖后代，秋天时再带领小鹤南迁越冬，小鹤在羽翼下，就如同有了家的保护。

不期而遇 / 摄影： 淳于常胜

拯救 / 摄影：周贵平

鸭绿江口湿地。雨后，黑翅长脚鹬在加固位于沼泽中即将被水淹没的巢，巢中有四枚已经孵化了近20天的卵。长脚鹬在焦急地忙碌着力争拯救它们的家和即将出世的鸟宝宝。令人遗憾的是悲剧还是发生了，在紧接着的一场大雨后，鸟巢彻底被水淹没，长脚鹬夫妇无奈地弃窝而去。

等待召唤 / 摄影：袁耀武

本溪红叶四扇屏／摄影：王金祥

莲 / 摄影：徐英达

荷中鸳鸯 / 摄影：朱丽云

香荷翰墨 / 摄影：杨　茜

残荷 / 摄影：刘　俐

胡杨舞者 / 摄影：李长兴

孤鹭寒林 / 摄影：余佳虎

这盛世如你所愿／摄影：裴烨

书山有路勤为径 / 摄影：李一波

钻石之恋 / 摄影：童静莉

2018年6月，沈阳盛京大剧院外广场，沈阳市首届“钻石之恋”集体婚礼现场。钻石象征爱情，百合花象征百年好合。

钻石之光 / 摄影：张　强

情定大漠 / 摄影：宋林继　　2018年9月1日，内蒙古奈曼宝古图沙漠，举行56个民族集体婚礼，画面温馨和谐，体现了民族一家亲的和谐景象。

致敬最可爱的人 / 摄影：刘海东　　丹东鸭绿江大桥

口岸 / 摄影：徐 波

北仑河位于中越边境线，广西东兴与越南芒街隔河相望。一百多年前这里就是中国与越南的边界，两岸的百姓就有贸易的往来；六十年前，北仑河友谊大桥竣工通行，这里是抗美援越的重要通道；四十年前，象征友谊的桥梁被炸毁，十年的自卫反击战开始，这里是战争的最前沿；二十五年前，东兴口岸再次开放，两国人民重拾友谊与信任，共同发展的信念催生了两岸贸易的再次繁荣。随着中国东盟自由贸易区的建立，“21世纪海上丝绸之路”、“一带一路”等一系列战略合作的开始，东兴口岸开启了它前所未有的勃勃生机。

现在，每天大量的木薯粉、橡胶制品、水产品、芝麻等农副产品在东兴贸易口岸的“边民互市贸易区”交易，几百个精瘦但强壮的越南装卸工人在码头上忙碌，繁重的体力劳动没有抹去他们脸上不经意间的笑意，其中不乏女性的身影。他们一定在心里描画过美好生活，船岸间的跳板在他们脚下有节奏地颤动，如同心头跳动的希望。

生活总是褒奖努力的人，祝福每一位劳动者，无论国籍与民族，在最好的时代中迎来最好的生活。

刚正之气 / 摄影：张治军

人民卫士／摄影：张治军

忠诚卫士／摄影：张景璐

忠于职守 / 摄影：张景璐

交接 / 摄影：白永红

2018年9月17日上午10时许，三位退伍的消防官兵将自己的工作服及衣帽郑重递交给新来的士兵。

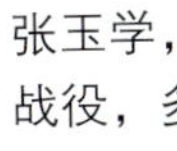

你的眼神 / 摄影： 陈旭东

3M
CON MET
CON MET

CON MET
CON MET
CON MET

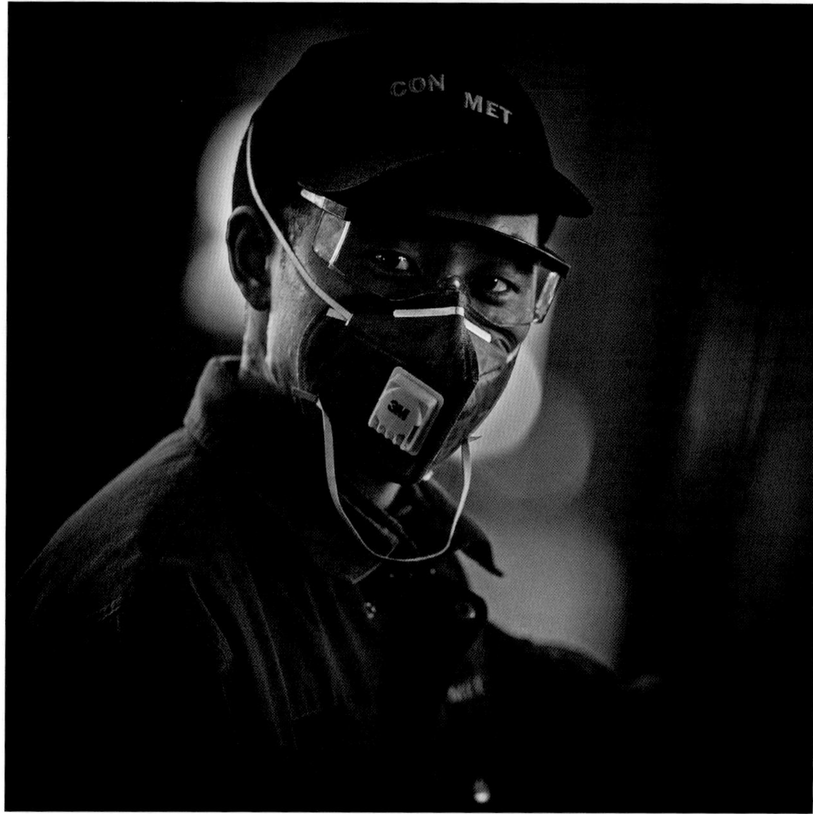
CON MET
3M

建设者身影 / 摄影：董耀文

大国机长 / 摄影：宋　鹏

2019年9月25日，习近平总书记向全世界宣布："北京大兴国际机场正式投运！"自此被誉为"世界新七大奇迹之首"的北京大兴国际机场开始凤凰展翅，成为北京新地标、中国新国门。9月26日至10月26日中联航在大兴国际机场首家整建制进驻和独家运营，并实现前7天航班始发正常率、放行正常率"双百"目标，做到了开门红。9月26日，胜利完成大兴国际机场开航后首架商业航班飞行任务的中联航机长走下飞机。

劳动之光 / 摄影：郭　凯

中煤平朔集团有限公司安太堡露天矿作为改革开放的试验田，是沐浴着改革的春风发展起来的企业，同时在新时代政策的引领下企业发展越来越好。

规矩成方圆 / 摄影：邹反帝

时代印记 / 摄影：史 春

喷砂工 / 摄影：孙学杰

2018年7月10日在马鞍山拍摄。喷砂工在钢结构制作中最脏、最累、最苦，尤其是夏天，穿上几十公斤的防护服，闷不透气，劳动强度可想而知。这一群造船工人吃苦耐劳的精神感染着我们，我拍他们的工作场景和生活状态，坚持拍了三年，很多人成为了我的朋友，包括这位江西老表。

在不晴朗的天空下／摄影：于守山

内蒙古呼伦贝尔

芭蕾舞剧《花木兰》/ 摄影：于沈光

圣旨

汽轮机加工车间 / 摄影：梁建勇

曲轴加工车间 / 摄影：梁建勇

城里的老奶奶/ 摄影：邓喜平　　2019年10月14日，山东省济南市章丘区医院外。

乡下的老奶奶 / 摄影：邓喜平　　2019年11月2日，山东省济南市章丘区曹范街道办事处赵岭村。

天安门前留个影 / 摄影：朴亨莲

2018年1月27日，吉林省延边安图县森林经营局三道林场，留守老人都是七八十岁高龄，从没去过北京，而且有的老人结婚以后几十年来第一次在“天安门前留个影”，激动得热泪盈眶。

守卫 / 摄影：王秀海

欢乐泼水节／摄影：盛仁昌

欢乐节日／摄影：盛仁昌

节日的快乐 / 摄影：李　钢　　山西省大同市2019年春节期间的庙会文化活动，照片从侧面反映了大同年俗文化特色和人们的精神风貌。

绝活儿 / 摄影：王爱民

编织鸟笼 / 摄影：丁庆平

黄河壶口黄河娃 / 摄影：孙　利

力与美／摄影：王恩德

芭蕾 / 摄影：刘以文

大学生的音乐会 / 摄影：曹凤云

2018年5月4日，北京电影学院声音学院的本科学生与研究生在标准电影放映厅，共同创办了一场别开生面的纪念五四青年节的音乐会。

遥远的等待 / 摄影：白 莉

套马手 / 摄影：李 峰

吸羊角烟袋的老茶客 / 摄影：马桂新

母与女 / 摄影：宁占河

顽皮的童年 / 摄影：孙桂荣

麦场上的欢乐 / 摄影：范毅强

牛市 / 摄影：翟　军

北方黄牛交易市场
牛羊饲料直销
中宝

修缮工匠 / 摄影：任更凡

2018年9月22日，辽宁北镇庙修缮工程正在有条不紊地进行中。据了解，这次修缮本着文物“修旧如旧”和“最小干预”的原则，全面启动了碑亭、碑廊、石碑保护、鼓楼抢险等维修工程。

北镇庙位于辽宁省锦州北镇市城区西1.5公里的山岗上，是国家级重点文物保护单位。庙内至今保存有元、明、清三代的石碑56座，是全国现存五大镇山神庙中唯一保存完好的镇山神庙。

风雪外卖 / 摄影：任伟华

无论严寒酷暑，在城市的每一个角落都活跃一群“骑手”，他们就是外卖小哥。这个群体是时代的产物，从某种意义来说，他们的存在改变了我们的生活方式。

汽车时代 / 摄影：庞传家

鸭绿江雾凇 / 摄影：包 伟　　丹东鸭绿江大桥，中朝边境冬日的雾凇。

路漫漫 / 摄影：唐学斌

内蒙古阿拉善右旗巴丹吉林沙漠，沙丘山势高而陡峭，绝壁上辟出一条路，人和骆驼在上面行走，远观如壁画。

共享快乐 / 摄影：王永森

沈阳市和平区沈水湾公园。近几年全国大部分城市遍布共享单车，方便了广大市民的出行，成为城市的一大亮点。

共享单车 / 摄影：翟小勇　　河北石家庄

追逐 / 摄影：庞维新

潮汐 / 摄影：庞维新

晨雾 / 摄影：李晓文　云南省普洱市思茅区大芦山

耕海 / 摄影：包　威

线面细如丝 / 摄影：闫　淼

蒸蒸日上／摄影：周惠卿

劳模夫妻载誉归来 / 摄影：张钉民

丈夫魏万林荣获国务院全国自强劳动模范。妻子汤凤梅荣获全国巾帼创业基地带头人、陕西省双学双比先进个人、丹凤县劳动模范。载誉归来的夫妻俩在自己的创业基地留下这幸福时刻影像。

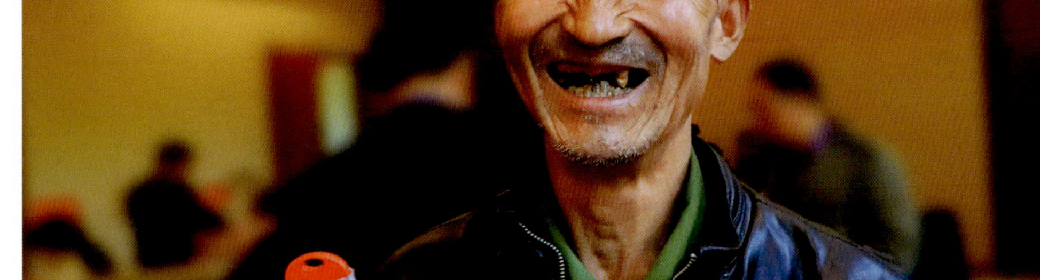

幸福 / 摄影：张钉民

“五一”前夕，陕西丹凤县为2018年度第三批易地移民搬迁对象摇号兑现新房。664户贫困户领取了新房钥匙，不久将搬居凤冠移民新城。铁峪铺镇白果树村贫困户杨书记家曾遭受过水灾，做梦都想搬进城里住，他感慨说：“我们现在的幸福生活都是习近平主席给我们的，习主席的扶贫政策圆了我们的中国梦！“

童乐 / 摄影：张艺军

鸭绿江边的“和平卫士”/摄影：张　夏

桃源仙境 / 摄影：张新欣

1

2

3

4

5

6

7

8

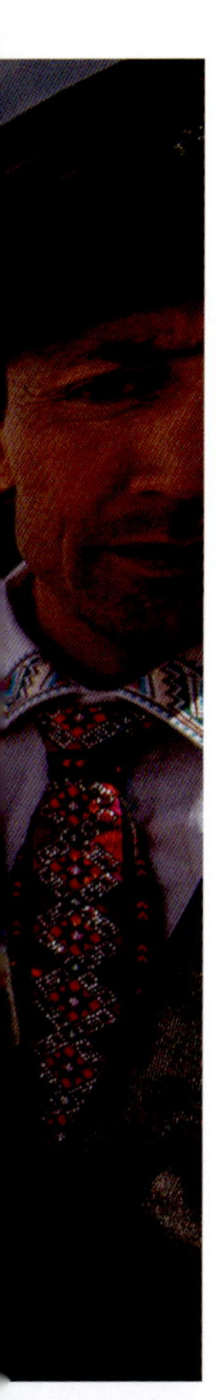

塔吉克族婚礼 / 摄影：刘秀军

电影《冰山上的来客》中塔吉克族英俊青年阿米尔和美女古兰丹姆的曲折爱情故事，以及那首脍炙人口的美妙歌曲《花儿为什么这样红》在我年幼的脑海里留下了不可磨灭的烙印。因工作关系，我多次往返于这片神秘的土地，目睹了帕米尔高原风光的美丽，感受到了民风的纯朴；用影像记录了当地风光民俗，用心灵感悟了这个民族的内涵，让我难以忘怀的是承载着人类幸福美好的塔吉克族婚礼。它不但是这个古朴民族璀璨文化的传承，更是这个民族传奇故事点点滴滴的汇聚。塔吉克族是中国唯一的原住白种民族。他们自由、奔放、浪漫、庄严，视婚姻为神圣的事情，因而，成立家庭后很少有离婚的事情发生。2018年10月31日，我再次踏上这片神秘的土地，有幸见证了塔什库尔干县塔合曼乡什库尔干村25岁男青年巴依户加的婚礼的全过程。

1.新郎的新装。在一般人眼里，新郎打扮起来比较简单，其实不然，同样需要半天时间。如红白相间的帽带编织，非常考究。帽子图案的独特形式构成和色彩运用，有其民族的特征，也揭示了该民族图案的独特美学价值和审美意蕴。

2.恋恋不舍。24岁的新娘古丽 ，马上就要成为别人的新娘，离别亲人之际，哭得非常伤心。

3.爸爸的期盼。俗话说，女儿是爸爸的小棉袄，如今女儿离开了家，心中充满了无限的惆怅。

4.姐姐的不舍。从小一起长大的姐姐，早已名花有主，如今这个家，显得如此凋零，失去了往日的欢笑，姐姐一时心酸不已。

5.丈母娘的嘱咐。新郎迎亲之时 ，丈母娘哭着对女婿说，我把女儿交给你 ，你要好好对待她。新郎流着眼泪说，妈妈你放心吧，我会一生对她好。

6.奶奶的牵挂。古丽是奶奶最疼爱的小孙女，从小到大疼爱有加，如今要离开这个家，奶奶心里终是不舍。

7.终得美人归。第三天一大早，新郎巴依户加带着喜悦的心情，来到了新娘家，迎接自己心上人回家，此时的他,脸上挂着满满的喜悦。

8.迎亲花车。过去迎亲，都是用自家最好的马迎接新娘；如今生活好了，也用汽车迎接。传统服饰和现代交通，折射了传统与现代的时代变迁。

9.即将送走新娘的亲属五味杂陈，新郎终于娶回了自己心爱的新娘，高兴之情难以言表。一起照个全家福，以示幸福圆满。

9

晨曦 / 摄影：张 斌

叼羊 / 摄影：巴　音

激情尼罗河畔 / 摄影：倪益瑾

埃及尼罗河畔的原住民努比亚人，每到三月份就会聚集在尼罗河岸，载歌载舞，庆祝自己的节日。

橱窗里的城市 / 摄影：高鹤云

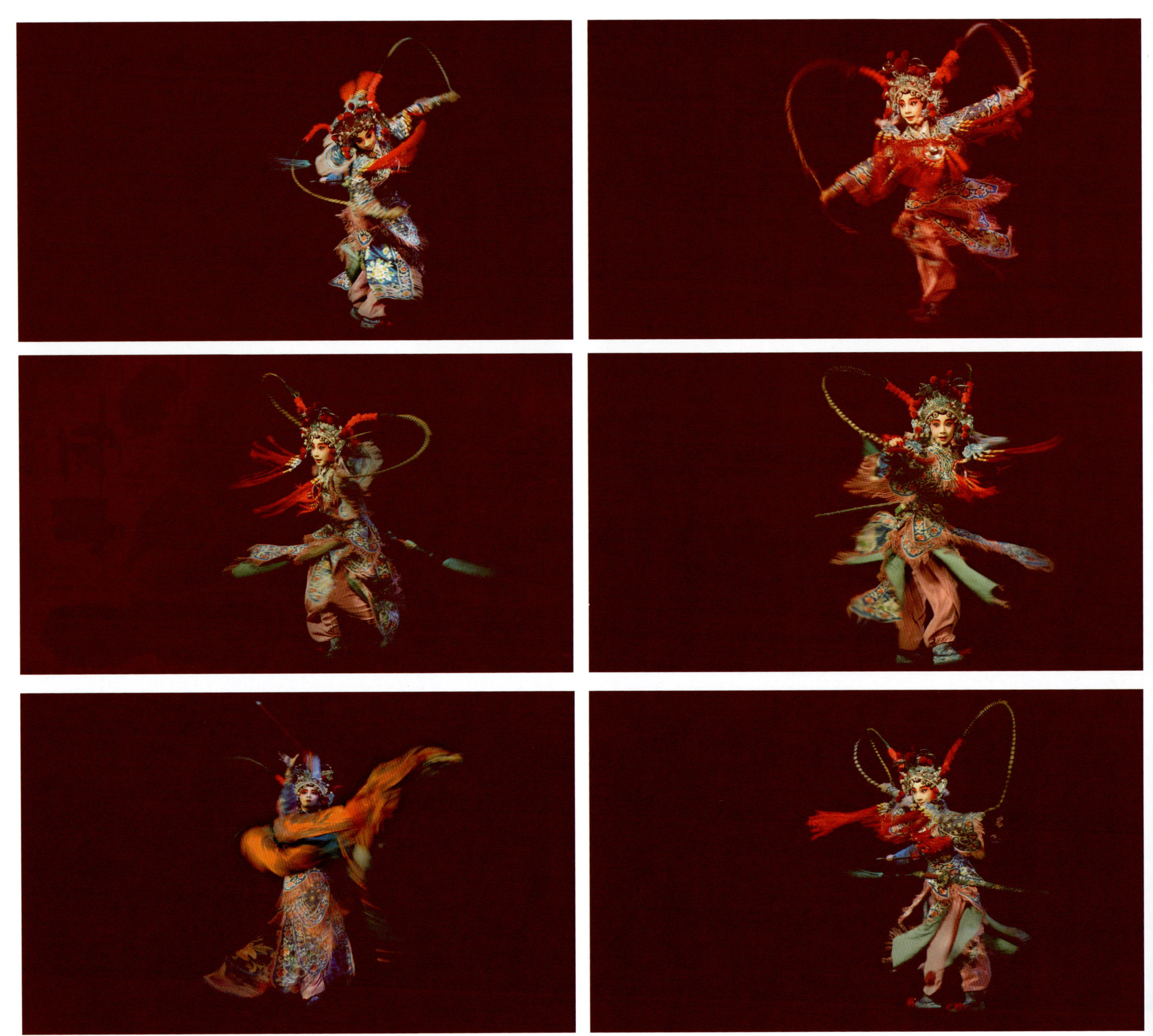

《扈家庄》剧照 / **摄影：张　丽**

沈阳师范大学戏剧学院。作品表现了扈家庄女将扈三娘头戴红福巾、红帘红线球、七星金额、雉翎狐尾、足登小脚红弓鞋木跷的飘逸和铿锵。

川剧滚灯 / 摄影：张　雷

开学第一天 / 摄影：张　斌

少年强则中国强 / 摄影：王惠兰

欢欢喜喜过大年 / 摄影：杨茂森

共绘一个梦 / 摄影：晏荣荣

电话银行 96666

喜雨——沈阳城市学院毕业生合影／摄影：薛柏鸥

手机支付新时代 / 摄影：

2018年4月8日，陕

机）对所消费的商品或

盐工画像 / 摄影：孙鲁波

牧羊人 / 摄影：王民生

微笑的窑工 / 摄影：陶德树

湖南省怀化市黄金坳座岩陶瓷厂已经营了几十年。虽然这个行业在现代化工业冲击下日渐衰落，但在农村的土壤里，它依然坚强地生存着。厂里有近20位陶匠师傅，各司其职，大家在不同的工序上完成着自己的工作，付出辛劳的同时，也得到了一定的报酬，改善了家庭的生活。这位溆浦县的窑工师傅负责陶器上釉和进窑。时间虽然已经是十月底，但窑厂里依然“热情”似火。工作条件、生活条件虽然艰辛，但心态非常乐观。在清晨的一缕阳光中，肩扛陶罐的师傅以微笑面对生活。

“食尚”大妈 / 摄影：陈景生

来个自拍 / 摄影：陶　云　　2018年4月，“三月三，赶花街”，云南广南县者兔乡“赶花街”的壮族妇女。

芦笙悠悠 / 摄影：陶　云　　2018年6月，贵州黔南苗族自治州朗德上寨苗族同胞欢庆传统节日。

草原之晨 / 摄影：邵 红

救助藏原羚 / 摄影：宋林继

女尼与鹰 / 摄影：谭文东

一生一线 / 摄影：陈 帅

盛装 / 摄影：张智英

草原上的琴声 / 摄影：李　昀

苗岭鸟声/摄影：项健康

滇东南的大山里，苗族自古喜欢养鸟，每逢赶街必是赛鸟的日子。

草原欢歌／摄影：项健康

十月香格里拉，色彩斑斓，牛羊悠闲，藏族青年在草原上跳起弦子舞，与盛开的狼毒花相映成趣。

卖秋菜 / 摄影：张　尧

收获喜悦 / 摄影：王祖良

荣成石岛的一名渔家女，在收获自己晾晒的狮子鱼（当地俗名先生鱼）鱼干儿。

长城国粹 / 摄影：王　捧

虎山长城上的自拍老人 / 摄影：朱文华

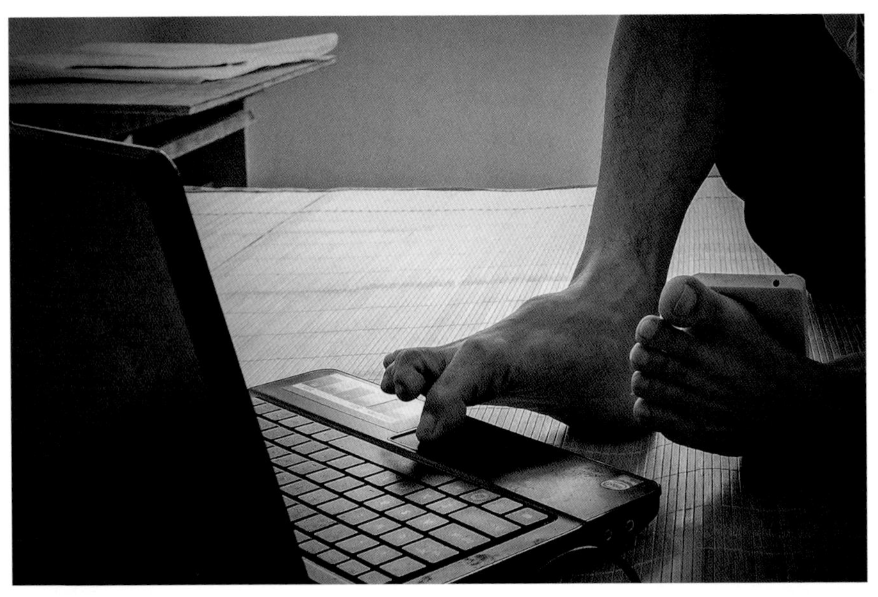

“世界残疾人田径锦标赛”冠军丁二伟 / 摄影：**韩学胜**

丁二伟1982年出生在山东临朐县一个农村家庭，8岁那年一次意外的电击事故让二伟彻底失去了双臂。他并没有因此沉沦，他以脚代手，用脚去练习写字、吃饭、穿衣，洗脸、刷牙等任何事情，别人用手能干的他用脚照样能干……为了强健体质，他每天跑30多公里。艰苦的付出终于有了回报，获得了“世界残疾人田径锦标赛”冠军。

不忘初心 牢记使命 交通强国 铁路先行
旅友书屋
RELAY
TONYMOLY
Hisense
Kiehl's
SWAROVSKI
新鲜岛
问询 1
ENQUIRY

高铁时代 / 摄影：樊豹声

寺庙里的篮球 / 摄影：姜光辉　　2018年8月摄于甘肃

南海之冲浪 / 摄影：程爱民

即将消失的农具——“钐麦杆子” / 摄影：高新峰

“钐[sh à n]麦杆子”是陕西关中地区的一种古老的收割工具，用这种农具割麦子，一个人可顶三四个人。传说这种收麦工具是诸葛亮发明的，现在已经很少人会用了。

窗外 / 摄影：徐　明

冰雪扒蛤人 / 摄影：苏雁良

耕 / 摄影：陈永年

门里门外 / 摄影：曹 炯

老人与旧居／摄影：陈继斌

心灵对话 / 摄影：陈泽忠

梅花香自苦寒来 / 摄影：陈忠平

时代的印记／摄影：晨 燕

儿女情长 / 摄影：陈小军

好日子 / 摄影：

齐奏 / 摄影：张　伟

同声歌唱祖国 / 摄影：刘芳春

红红火火忙秋收 / 摄影：姚佐坤

甜蜜的日子 / 摄影：刘赫廷

赶海人 / 摄影：万金家

辽宁省东港市黄海之滨，渔民成群结队出海挖贝采贝，然后赶在涨潮前把收获的贝类，齐心协力运回陡峭的海堤上。他们不畏艰辛，顽强打拼，追求平凡踏实的幸福生活，令人感动和赞叹！

政府帮俺建暖棚 / 摄影：闫旭生

辽宁丹东东港市范家山村。东港市市政府为了落实2020年全国农村进入小康水平的精神，鼓励各乡村农民建造种植业塑料暖棚，东港已经成为全国生产草莓基地，种植的草莓销售全国各大城市，农民增加收入，提前跨入了小康水平。

上梁 / 摄影：吕国强

晨练 / 摄影：韩洪波

龙窑匠心 / 摄影：王 峰

四川雅安荥经县六合乡古城村。荥经砂器是由白善泥与二炭结合做成，再施以一千多度高温焙烧，形成独特的黑砂器皿和工艺品，迄今已有两千余年的历史。

制陶人 / 摄影：樊建恩

尘世如潮人如水 / 摄影：冯安安　　江苏南京，夫子庙前。

老姊妹 / 摄影：高金刚

少林功夫 / 摄影：冯　浪

舞 / 摄影：冯亚军

盐田舞曲 / 摄影：傅美秋

走出／摄影：额尔敦

鹤发红颜 / **摄影：杜　军**

2018年6月20日，重庆市九龙坡区一间古老的茶肆，鹤发老者看着初嫁红妆，眼含笑意，是否也回忆起自己的年少时光？那也是风华正茂，快意儿郎！

最浪漫的事 / 摄影：陶德树

追逐 / 摄影：吕一品

牧鸭 / 摄影：龚文基

撒马尔罕的孩子 / 摄影：高　健

停车场 / 摄影：刘念璋

共和国建设者 / 摄影：耿文志

火红的年代 / 摄影：龚新萍

博 / 摄影：关伟明

艺高人胆大 / 摄影：李春原

缅怀先烈 / 摄影：黄志强

祭祖 / 摄影：苟寿成

热浪 / 摄影：侯传举

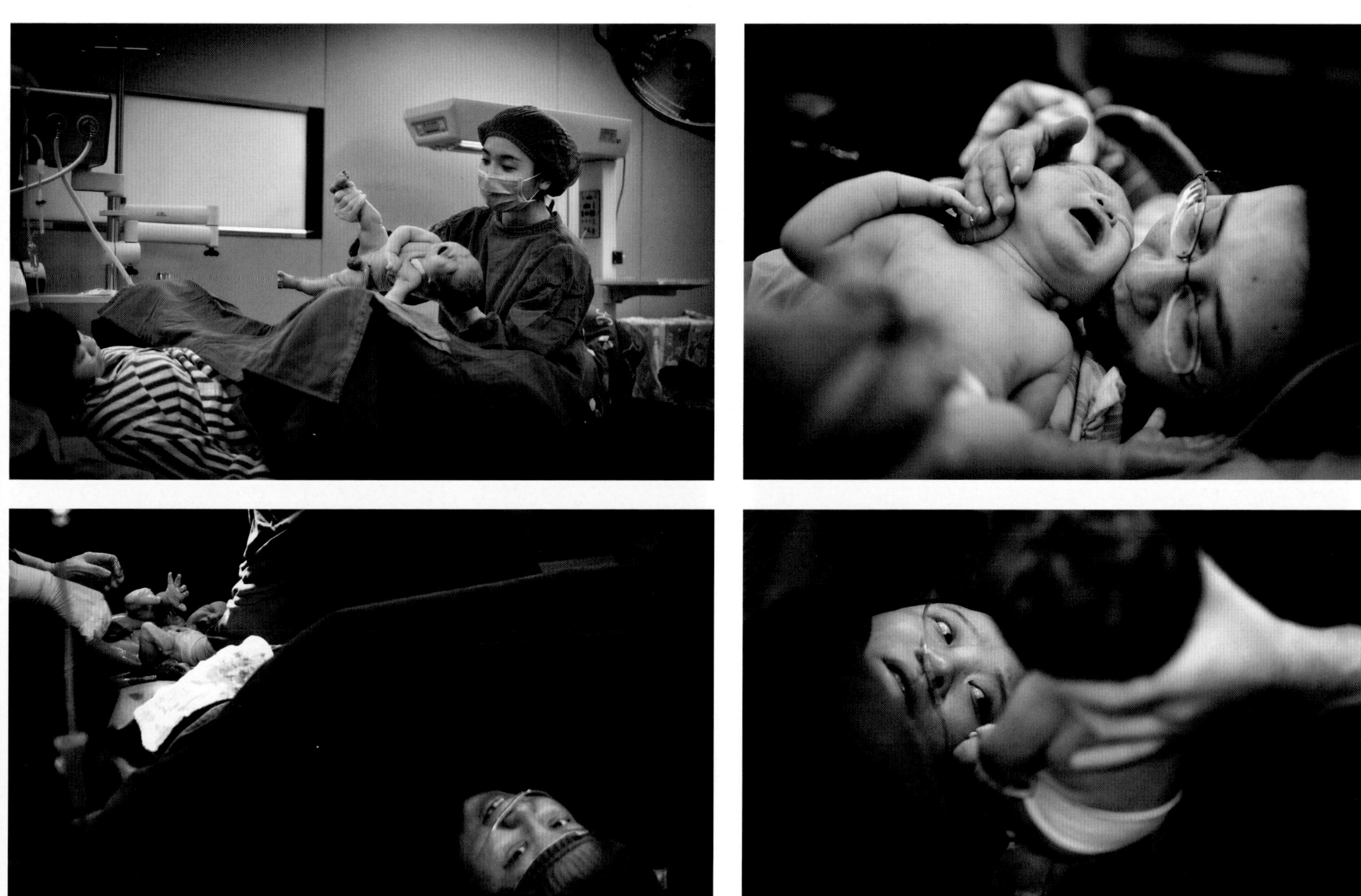

那一刻 / 摄影：胡悦建

芦笙舞 / 摄影：韩维群

芸芸众生 / 摄影：姜信和

国粹·京剧 / 摄影：兰利军

绒花(荣华)富贵 / 摄影：李晨歌

辽宁公安特警演练 / 摄影：李　静

POLICE

佛伴莲旁 / 摄影：李天赐

祈福 / 摄影：李文敏

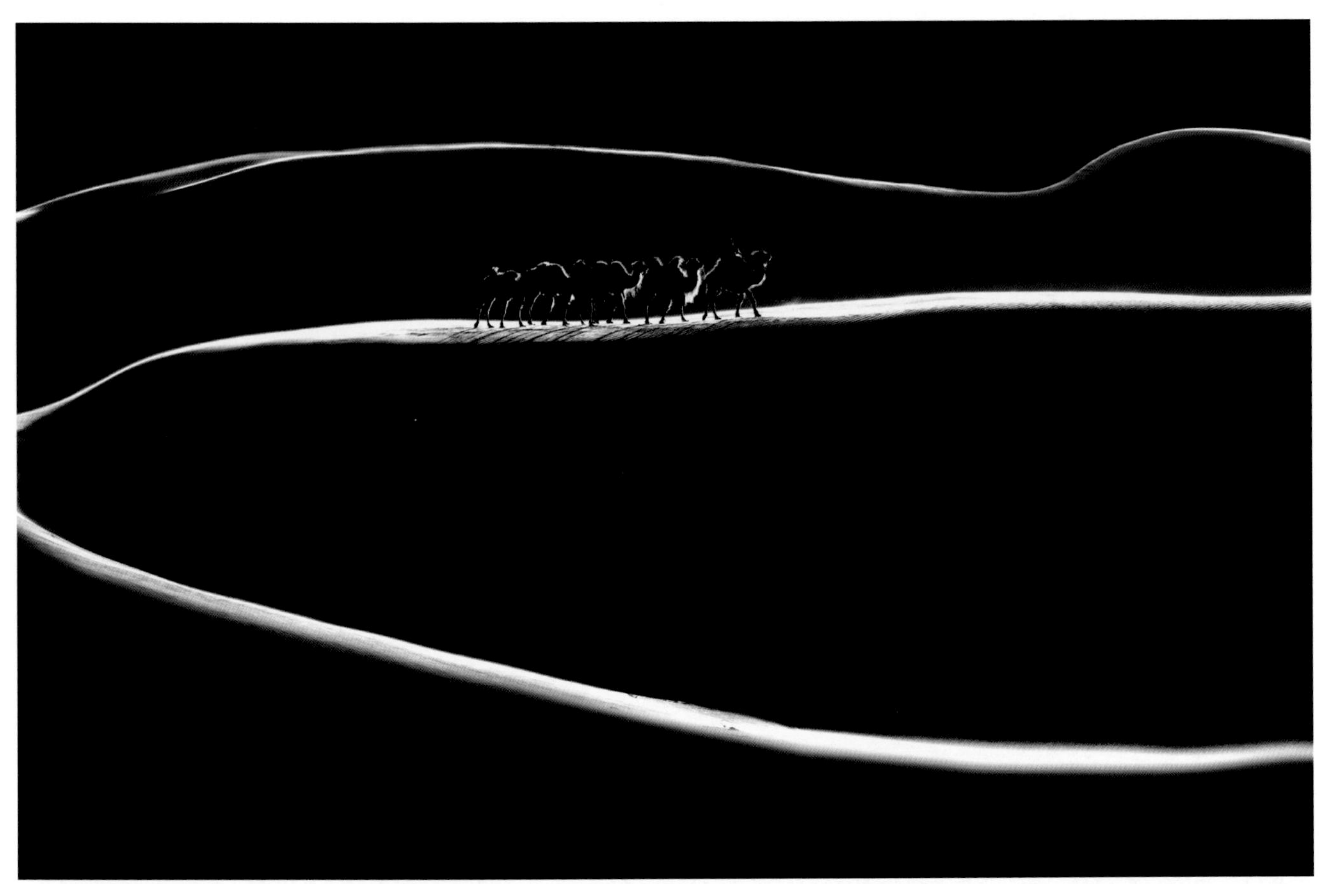

漠上行 / 摄影：刘宏伟

晨练 / 摄影：骆松枫

艺术家 / 摄影：刘冰峰

怀念家乡 / 摄影：马彩萍

泰姬陵的早晨 / 摄影：刘　秀

回家 / 摄影：刘跃华

金漠驼影 / 摄影：芦文立

赛车 / 摄影：刘　秀

爱在春风里 / 摄影：苗新苗

专心致志 / 摄影：王凤平

自古英雄出少年 /摄影：张　松

《自古英雄出少年》摄于2018年10月至11月，地点山东莱州中华武校。为了拍好这组照片，我先后六次来到武校，通过对一个孩子学习、训练、生活状态的全方位记录，清晰的体现出“顽强拼搏、永争第一”的精神风貌以及武术少年天真烂漫、清新可爱的性格特点。

习武5年的小卓雅一招一式虎虎生威

通过多年的习武，卓雅有着一种特殊的霸气。

目目

她学会了忍耐

如果一个动作没练好，小卓雅会一个人对着镜子练好久。

也学会了坚持

训练结束了，小卓雅已经精疲力尽了 。

打起沙袋来，真的是“巾帼不让须眉。

课堂上聚精会神的小卓雅，好像换了一个人。

天鹅之死 / 摄影：肖毅宣

窥世 / 摄影：卓瑞澳

孤 / 摄影：宋子怡

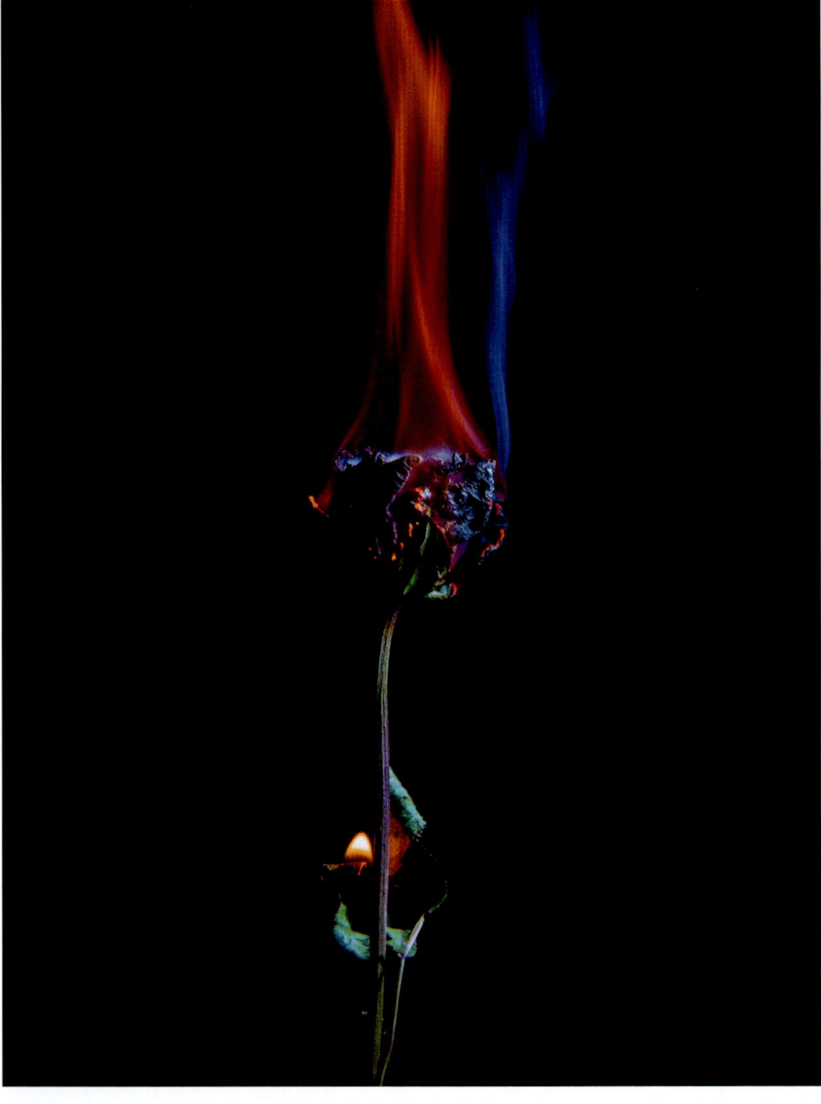

芳弥 / 摄影：曹家玮

《名人传》中罗曼罗兰曾说：“一朵火焰熄了，另一朵火焰接着燃起。或者可以说，火焰永远是一朵，只是换了燃料罢了。”

一朵花里看出一座天堂，把无限放在你的手掌上，把永恒在一刹那收藏。时光荏苒，花开瞬时。生命诞生于平凡，百载不过沧海一粟，而涅槃促使生命绽放于逆境，散发永恒的光芒。花开花落，芳华最终弥散尘埃里，却惊艳了时光。

“图”/摄影：赵 欣

标签 / 摄影：王宏开

旅客 / 摄影：司云轩

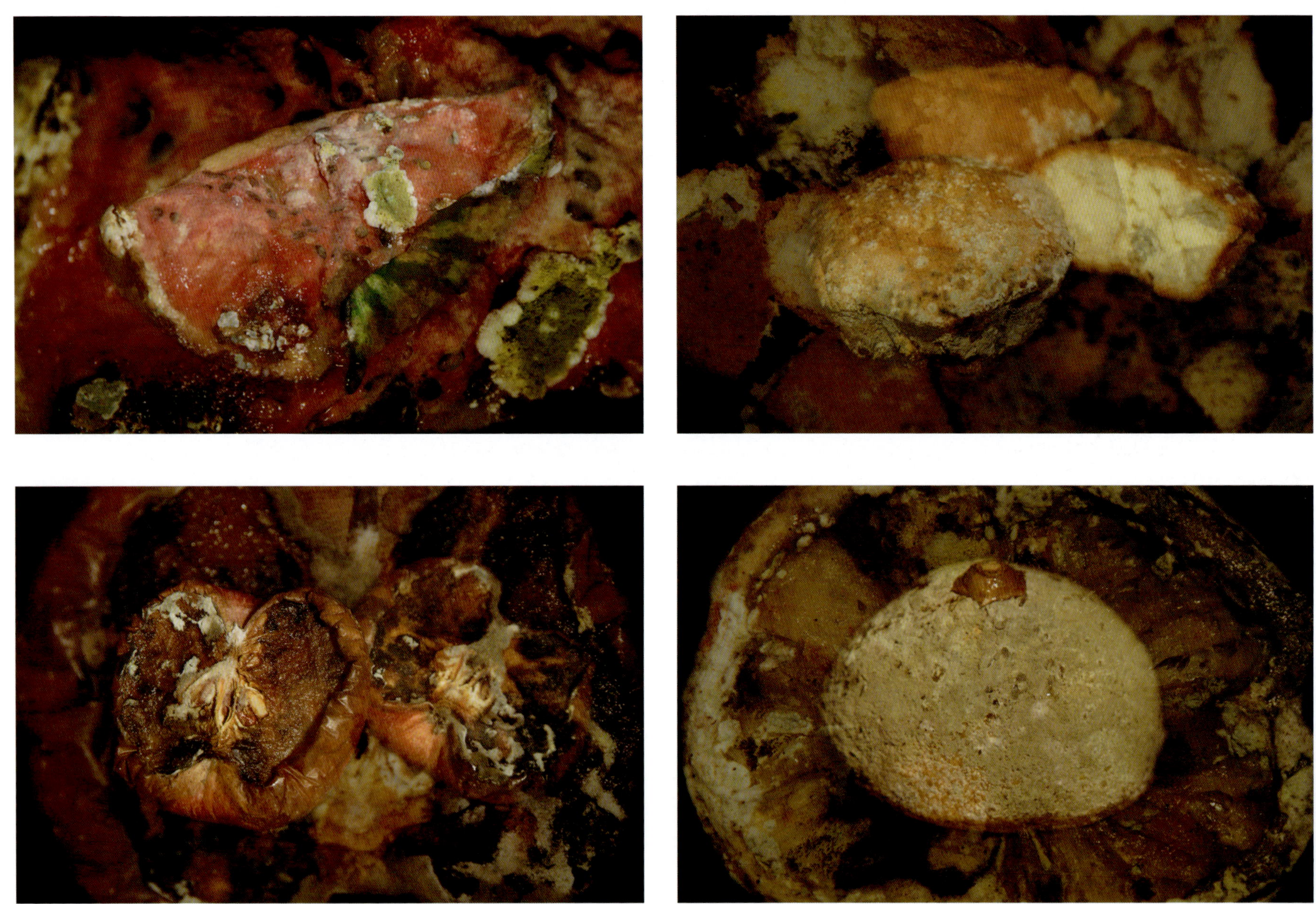

生活的另一面 / 摄影：马庆洋

水果味儿的彩虹糖 / 摄影：白梓萌

水果运动员 / 摄影：李子龙

白 / 摄影：李昕燃

黄昏喀纳斯 / 摄影：…

我们 / 摄影：葛　畅

父与子 / 摄影：董　超

甘南少年 / 摄影：董航宇　　甘南地区郎木寺镇；小喇嘛们在放学途中嬉戏。

老人 / 摄影：马一丹

理想与现实 / 摄影：李肖男

味道 / 摄影：温路其

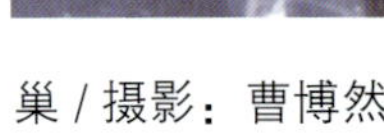

巢 / 摄影：曹博然

LACTOBACILLUS
TONER
LACTOBACILLUS
LOTION
LACTOBACILLUS
LOTION
LACTOBACILLUS
ESSENCE

溯/摄影：方依施

附录：《中国摄影艺术年鉴2018～2019卷》作者及作品索引（以汉语拼音为序）

图书在版编目（CIP）数据

中国摄影艺术年鉴. 2018～2019卷 / 高健生总编辑 ; 徐伟浩主编. -- 北京 : 国际文化出版公司, 2020.7

ISBN 978-7-5125-1181-1

Ⅰ. ①中… Ⅱ. ①高… ②徐… Ⅲ. ①摄影艺术－中国－2018～2019－年鉴 Ⅳ. ①J4-54

中国版本图书馆CIP数据核字(2020)第147249号

中国摄影艺术年鉴2018～2019卷

总 编 辑　高健生
主　　编　徐伟浩
责任编辑　杨　华
编　　辑　张　健　徐洪彬　关紫兮　张超楠
出版发行　国际文化出版公司
经　　销　新华书店
编　　辑　《中国摄影艺术年鉴》编辑部
设　　计　北京金水太和文化有限公司
印　　刷　天津图文方嘉印刷有限公司
开　　本　889×1194 12开
　　　　　36印张
版　　次　2020年7月第1版
　　　　　2020年7月第1次印刷
书　　号　ISBN 978-7-5125-1181-1
定　　价　428.00元

国际文化出版公司
北京朝阳区东土城路乙9号　邮编：100013
总编室：（010）64271551
销售热线：（010）64271187 64279032
传真：（010）64270995
E-mail：icpc@95777.sina.net

中国摄影艺术年鉴　沈阳城市学院　北京金水太和文化公司

联合出品